Mein Franken

Siegbert von Stockhausen

ein Künstler und seine Landschaft

Fränkische Streifzüge

Koberger & Kompany Verlag
N ü r n b e r g

»Wer nicht zuweilen

zuviel und zu weich empfindet, der empfindet gewiss immer zuwenig. «

Jean Paul, 1763–1825

Mein Franken

Siegbert von Stockhausen

ein Künstler und seine Landschaft

Fränkische Streifzüge

Koberger & Kompany Verlag
N ü r n b e r g

www.kobergers.de

Idee und Konzeption:
Kobergers FakTory, Graphische Werkstätte, Nürnberg

Gestaltung, Reproduktion, Fotografie:
Kobergers FakTory, Graphische Werkstätte, Nürnberg

ISBN 978-3-938374-14-6

»Franken ist ein Traum, das gibt's nur in deinem Kopf – mach was draus!«

Helmut Haberkamm

Oberwindsberg

»Franken – es ist der freundliche Name
eines freundlichen Landes, in welches wir den Betrachter dieser Blätter jetzt einführen wollen. «

Gustav von Heeringen (1800–1851)
Wanderungen durch Franken

Franken ist das Land der unbegrenzten Widersprüche. Wie ist es zum Beispiel möglich, dass in den schon schmerzhaft schönen, romantischen Eingang zu einem fränkischen Bilderbuchtal ein Lebensmittel-Discounter seine Unarchitektur hinstellt?
Vor atemberaubenden Felsformationen verrotten rostige Landmaschinen, Autowracks und Generationen von Düngemittelsäcken an Waldrändern oder in Brennnesselwildnissen. Neben vorbildlich renovierten und bewahrten Fachwerkhäusern schwimmen im idyllischen, rauschenden Mühlbach zwei originale Plastikenten, Mann und Frau ordentlich vertäut. Auf einem künstlerisch gestalteten Brunnen stehen Plastikblumen.
Diese Bilder kennen wir alle und natürlich weiß auch Siegbert von Stockhausen, dass sein Franken in diesem Widerspruch lebt. Trotzdem, oder vielleicht auch deshalb malt er Bilder für das Franken in unserem Kopfkino. Die schöne Aquarellidylle verkürzt den Weg von der Außenwelt zur Innenwelt. Die Welt heimzutragen, Futter für Phantasie und Lehrstoff zu besorgen, bedeutet Rückkehr, Einzug in sich selbst. Dazu gehört auch die Binsenweisheit, dass man nur das sieht, was man weiß. In diesem Sinne sind den Aquarellen Siegbert von Stockhausens Zitate, historische Anmerkungen, Wanderungen und Rezepte hinzugefügt. Die Texte von Helmut Haberkamm illustrieren und bevölkern das „Franken in unserem Kopf“ und fügen noch eine Dimension hinzu.
Dass wir etwas daraus machen, aus dem Schauen, Lesen und Nachdenken, dafür ist dieses „Heimatbuch“ entstanden.

Poppenreuth

Poppenreuth

Der Poppenreuther Kirchweihkrieg

Etwa eineinhalb Kilometer nordwestlich von Wetzendorf liegt Poppenreuth. Der Name verrät uns durch seine Nachsilbe, dass er auf gerodetem Boden entstanden ist. Das diese Rodungen ziemlich umfangreich waren, geht aus einer Reihe anderer Ortsnamen, wie Großreuth, Kleinreuth, Schnepfenreuth oder auch Lohe, Bislohe, Tennenlohe usw., hervor. Poppenreuth gehörte sicher zu den ältesten Rodungsorten in unserer Gegend, und es ist jedenfalls älter als Nürnberg. Dies erkennt man auch daraus, dass Nürnberg in einem kirchlichen Abhängigkeitsverhältnis zu Poppenreuth stand. St. Sebald war eine Filiale der Poppenreuther Kirche, wie auch die Martinskirche in Fürth oder die Kirche von Kraftshof.

Die eigenartigen und verwickelten Herrschaftsverhältnisse in weiten Teilen des damaligen Deutschen Reiches und natürlich besonders in Franken, haben auch in Poppenreuth zu manchen grotesken und tragikomischen Vorfällen geführt. Die Reichsstadt Nürnberg, die Domprobstei Bamberg und die Markgrafen von Brandenburg-Ansbach erhoben hoheitliche Ansprüche und pochten auf die daraus resultierenden Rechte. Ein Streitpunkt zwischen der Stadt Nürnberg und der Domprobstei war der sogenannte Kirchweihschutz. Der Kirchweihschutz war ein Friedensgebot auf der Kirchweih und enthielt den Befehl, sich bei pauschaler Strafandrohung jeglichen strafwürdigen, unfriedlichen Handlungen zu enthalten. Bestraft wurde man primär wegen des Friedensbruches, der zum Großteil aus Schlägereien bestand, und weniger wegen eines konkreten Delikts.

Das Wirtshaus zum „Roten Roß“ in Poppenreuth, war wohl die älteste Schankstätte des Ortes. Dieses Gasthaus war ehemals ein Lehen und wurde 1534 von Marquard von Stein, Domprobst des Bamberger Lehenstifts, an Heinrich Buck zu Poppenreuth verliehen. Darum beanspruchte die Domprobstei den Kirchweihschutz. Eine solche Kirchweih war damals eine feierliche offizielle Sache wie aus der folgenden Beschreibung hervorgeht: „Am Sonntag nach Regina wurde ein Kirchweihbaum vor dem genannten Wirtshaus aufgestellt. Zugegen waren zwei domprobsteiliche Beamte, zwei Gerichtsschöffen, ein Gerichtsdiener nebst Pfeifern, die Platzburschen und vier „Kirchweihbeschützer“. Diese Mannschaft zog linkerhand des Dorfes hinab bis zum Brücklein, dann rechts herauf, vor dem nürnbergischen Wirtshaus zum „Schwarzen Adler“ vorbei. Im „Schwarzen Adler“ saß ein nürnbergischer Beamter bei einer Flasche Wein, der nunmehr seinen Protest gegen diese Veranstaltung vorbrachte. Danach setzte sich der Zug wieder in Bewegung, zurück zum „Roten Roß“. Dort wurde dreimal um den Baum getanzt, dann wurde sowohl auf dem Platz, wie auch nach dreifacher Salve im übrigen Teil des Dorfes, das Friedensgebot ausgerufen“.

Poppenreuth, Friedhof

Knoblauchsländer Gemüseeintopf

6 große Kartoffeln

4 große gelbe Rüben

1 kleine Sellerieknolle

1 Petersilienwurzel

2 Stangen Lauch

2 Kohlrabi

100 bis 200 g grüne Bohnen

3 EL Butterschmalz

1,5 Liter Gemüsebrühe

1 TL geriebener Kümmel

1 Lorbeerblatt

1 TL Majoran

4 Liebstöckelblättchen

Pfeffer, Salz

frische Petersilie

Das Gemüse waschen, schälen und kleinschneiden.

In einem großen Topf das Butterschmalz zerlassen und das Gemüse darin andünsten, die Gemüsebrühe dazugießen.

Mit Kümmel, Lorbeerblatt und Majoran würzen.

20 bis 30 Minuten köcheln lassen, bis das Gemüse weich aber noch bissfest ist.

Etwa die Hälfte der Suppe in einen zweiten Topf gießen und mit dem Pürierstab fein pürieren.

Wieder zurückgießen und mit Liebstöckel, Pfeffer und Salz abschmecken. Mit frischer Petersilie dekorieren.

Poppenreuth

Nürnberg, von der Rosenbastei

Kleine Radtour von der Nürnberger Burg durch das Knoblauchsland

Wegstrecke ca. 20 km

Das Knoblauchsland gilt als eines der größten zusammenhängenden Gemüseanbaugebiete seiner Art in Deutschland. Es umfasst die Nürnberger Ortschaften Almoshof, Boxdorf, Buch, Großgründlach, Höfles, Kraftshof, Lohe, Neunhof, Reutles, Schmalau, Schnepfenreuth und Wetzendorf. Auf Fürther Stadtgebiet gehören Bislohe, Sack, Braunsbach und Poppenreuth zum Knoblauchsland.

Der Ausgangspunkt für die Radtour ist der Vestnertorgraben in Nürnberg. Von dort fahren wir in die Pilotystraße. Dort bleiben wir und folgen der Beschilderung des Radwegs Erlangen/Almoshof. Am Ende der Pilotystraße fahren wir auf dem Kleinreuther Weg weiter. Wir überqueren Nordring und die Kilianstraße. Am Ende des Kleinreuther Wegs geht es rechts in die Mittelstraße, dann links in die Neusorgstraße bis zum Sportgelände der Bayern Kickers. Wir radeln geradeaus weiter in die Felder. Dann geht es rechts an der Kleingartenanlage Marienberg entlang. Wir überqueren die Marienbergstraße und folgen der Flughafenstraße. Kurz vor Erreichen des Flughafens biegen wir links in einen Feldweg ein, dem folgen wir, bis wir auf die Irrhainstraße treffen, in die wir rechts abbiegen. Am Ende des Flughafengeländes macht die Irrhainstraße eine Rechtskurve, wir fahren aber geradeaus weiter in den Georg-Ziegler-Weg und unterqueren die Erlanger Straße in Richtung Buch. Über Georg-Ziegler-Weg und Bucher Hauptstraße biegen wir beim Gasthaus Kern links in den Braunsbacher Weg. Dem folgen wir bis zu einem runden Betonwasserspeicher. Am Wasserspeicher biegen wir rechts ab und folgen dem Weg zwischen den Feldern bis zum Breitenäckerweg der uns bis Höfles führt. Wir biegen rechts ab in die Höfleser Hauptstraße. Etwa 600 m nach dem Ortsende biegen wir links ab und fahren zwischen Feldern in Richtung Poppenreuth. Dort lohnt sich ein Besuch in der Kirche St. Peter und Paul in der Poppenreuther Straße/Ecke Schneegasse. Von der Poppenreuther Wehrkirche aus radeln wir über die Poppenreuther Straße und Marktäckerstraße bis zur Kreuzung Holsteiner Straße, wo wir rechts abbiegen. Wir folgen der Straße, überqueren die Schnieglinger Straße und biegen im Wiesengrund nach links ab und folgen dem Pegnitztalradweg in Richtung Nürnberg.

Am Nordrand von Fürth, übergehend in die Felder des Knoblauchslandes, liegt Poppenreuth. Mitten im Dorf steht die etwa 1000 Jahre alte, einstige Wehrkirche St. Peter und Paul.
Bis 1050 lebte und wirkte Sebaldus in dem nach ihm benannten Sebalder Reichswald als Einsiedler und Priester. Nach seinem Tod begrub man ihn in der Poppenreuther Kirche. Erst später wurden seine Gebeine in die von hier aus gegründete Peterskapelle nach Nürnberg überführt. Über dem Grab des Heiligen entwickelte sich die Kapelle zur heutigen Sebalduskirche im Nürnberger Zentrum.
Am 28. Dezember 1828 hielt hier in der Poppenreuther Kirche Wilhelm Löhe seine erste Predigt. Der Chronist vermerkte, dass Wilhelm Löhe an jenem Tag unter heftigen Zahnschmerzen litt, der Predigtauftritt jedoch ohne Stocken, noch Angst, bei stiller Versammlung geschah.

Totenschild des Georg Burkhard Loeffelholz (1636–1714). 1859 wurde es zusammen mit anderen barocken Gegenständen aus der Kirche entfernt und veräußert. 2003 konnte das Schild in einer Auktion in München wieder erworben werden.

Replik des Sebaldusteppich, mit einem Ausschnitt, der Poppenreuth betrifft. Das Original befindet sich im Germanischen Nationalmuseum in Nürnberg. Der Teppich entstand um 1420.

Das Knuwelas-Land – der Knuwelas-Bauer

Die die Stadt Nürnberg 1 bis 2 Stunden weit besonders gegen Norden und Westen umgebende, durch außerordentlichen Fleiß und Geschicklichkeit des Landmanns angebaute Felderflur, welche alle Arten von Feld- und Gartenfrüchten und unter andern auch Knoblauch reichlich hervorbringet, hat schon von alten Zeiten her, und wahrscheinlich schon vor dem Jahr 1499, das *Knoblauchsland* (nach nürnbergischer Mundart das *Knuwelas-Land*) und die daselbst wohnenden Landleute oder Bauern die *Knoblauchsbauern (Knuwelas-Bauern)* geheißen. Diese erzeugten Feld- und Gartenfrüchte, insgemein *Grüne War* genannt, sind von ausgezeichneter Güte und werden nicht allein in Nürnberg, auf dem Haupt- oder Grünen Markt um wohlfeilen Preis verkaufet, sondern auch etliche Stunden weit in benachbarte Orte und in großer Quantität verführet.

Weil nun diese Bauern in vorigen besseren Zeiten dadurch sich zum Teil in gesegneten Wohlstand versetzet sahen und nicht Ursache gehabt zu haben glaubten, viele gute Worte auszugeben, wurden sie des Stolzes und der Unhöflichkeit beschuldiget und andere Personen, welche ihnen in Ansehung dieses Betragens nachkamen, mit dem Namen eines *Knoblauchsbauern* oder in der gemeinen Volkssprache eines *Knuwelasbauern* beleget.

Benedict Wilhelm Zahn, Nürnberger Sprichwörter, Nürnberg um 1800

Schnepfenreuth

Schloss Neunhof

Dickbäuchiger Zwerg

Zwerg mit Laute

Zwerg mit Eierschüssel „Eiermännchen“

Bratwurstzwerg

Der ehemalige Landsitz der Patrizierfamilie von Kreß, liegt im gleichnamigen Dorf Neunhof bei Kraftshof und ist einer der besterhaltenen Herrensitze im Nürnberger Umland. Umgeben ist das Schloss von einem Park, der 1964 und 1978/79 rekonstruiert wurde.
Zugänglich für die Öffentlichkeit sind das Erdgeschoss mit einer prachtvollen Küche, das 1. und das 2. Obergeschoss sowie von den Nebengebäuden der Pferdestall.

Öffnungszeiten Park:
1. April bis 31. Oktober 10 bis 19 Uhr

Öffnungszeiten Schloss:
Samstag vor Ostern bis Ende September: Sa, So und Feiertage 10 bis 17 Uhr

Neunhof

Albrecht Dürer in Heroldsberg und Kalchreuth

„Denn wahrhaftig steckt die Kunst in der Natur, wer sie herausreißen kann, der hat sie." Albrecht Dürer

Kalchreuth

Heroldsberg hat in seiner Geschichte oft Künstler zu einer bildlichen Darstellung inspiriert.

Der Bedeutendste unter ihnen, Albrecht Dürer hat 1510 in der Zeichnung „Das Kirchdorf" einen Blick auf Heroldsberg fest gehalten. Dürer war ein Freund der Patrizierfamilie Geuder von Heroldsberg. Zur Zeit Dürers bestand der Ort aus 85 Anwesen,der Kirche nebst Pfarrhaus, 4 Schlössern, einer Schule und 12 Wirtschaften. Das neue und für seine Zeit unerhörte war, dass Dürer nur die Natur alleine zum Gegenstand seiner Bilder machte. Weitere großartige Landschaftsdarstellungen sind z.B. „Das Tal bei Kalchreuth" und „Ansicht des Dorfes Kalchreuth". Beide Aquarelle malte er aus dem Hallerschloss in Kalchreuth, mit deren Besitzer, der Patrizierfamilie Haller war er ebenfalls befreundet.

Heroldsberg

„Sur un moyen très simple d'élever l'eau des fleuves“
Über eine sehr einfache Möglichkeit, das Wasser der Flüsse zu heben
J. M. Montgolfier 14. Juli 1797

Wasserturm in Tauchersreuth

In unserem modernen technischen Zeitalter wird uns selten bewusst welch großartige Erfindungen unsere Vorfahren gemacht haben. Eine davon, die weder Menschenkraft noch einen Motor zum Antrieb benötigt, ist der „hydraulische Widder“, eine Wasserpumpe. Bereits 1797 gelang es dem Franzosen Joseph Michel Montgolfier, einem der Erfinder des Heißluftballons, die von dem Engländer John Whitehurst 1772 erstmalig aufgebaute „Pulsations Engine“ durch ein sich selbsttätig wiederverschließendes Ventil zu automatisieren. Das Geräusch, dass das Stoßventil beim Schließen erzeugt, fast so wie der Aufprall zweier Widderköpfe, gab der Konstruktion den Namen. In Tauchersreuth finden wir ein technisches Denkmal, das den Endpunkt einer solchen Pumpenkonstruktion beherbergt. Es ist der am Dorfrand an der Straße nach Oedenberg gelegene Wasserturm. Bis ins Jahr 1907 hatte Tauchersreuth keine zentrale Wasserversorgung, sondern wurde über Brunnen versorgt. 1907 wurde dann ein nur mit dem Fließdruck des Wassers arbeitende Pumpe installiert. Für den Betrieb eines solchen Pumpwerks sind gewisse natürliche Gegebenheiten Voraussetzung. Man benötigt einen ergiebigen, tiefer liegenden Wasserzufluss, in Tauchersreuth ist dies eine Quelle, die ca. 1 km und 55 m tiefer als das Dorf liegend ,entspringt. In dem Widdersystem, unweit von der Quelle liegend, wird die von der Quelle strömende Wassermenge, in eine unter Hochdruck stehende Wassersäule gewandelt und in den Wasserturm von Tauchersreuth 75 m hochgepumpt. Der Wasserturm hat einen Durchmesser von 5,3 m, eine Höhe von 7,5 m und ein Fassungsvermögenvon 40 cbm. Die gesamte Anlage wurde 1976 stillgelegt und war dem Verfall preisgegeben. Die „Freunde des Neunhofer Landes“ haben in 10jähriger Arbeit die Anlage umfangreich saniert und originalgetreu in einen voll funktionsfähigen Zustand gebracht. Auf einer Tafel vor dem Turm ist die Arbeitsweise des hydraulischen Widders anschaulich erklärt.

Der Tauchersreuther Wasserturm kann besichtigt werden.

Ansprechpartnerin:
Helga Adelmann
Tauchersreuth
Höhenstraße 9
Telefon: 0 91 26/74 37

Tauchersreuth

Zu den Herrensitzen am Rand des Sebalder Reichswaldes

Tauchersreuth - Neunhof (bei Lauf) - Nuschelberg - Günthersbühl - Oedenberg - Tauchersreuth
Gehzeit etwa 2½ Stunden

Der Ausgangspunkt der Wanderung ist der Parkplatz am alten Wasserturm in Tauchersreuth (siehe Seite 22).

Vom Parkplatz aus gehen wir in Richtung Ortsmitte. In der Tauchersreuther Hauptstraße biegen wir rechts ab und gehen mit Grünkreuz (+) den „Tuchersteig" weiter durch den Ort. Links unten im Tal die Beerbacher Egidienkirche. Sie ist eine sogenannte Feldkirche und befindet sich mit dem Pfarrhaus, dem Gemeindehaus und dem Friedhof außerhalb des Dorfes. Etwas weiter Eschenau und

St. Egidienkirche in Beerbach

Forth. Dahinter die Kette der Albrandberge Hetzles, Lindelberg, Eberhardsberg bei Igensdorf und die Höhen um Rüsselbach und Lillinghof.
Wo die Straße nach rechts weiterführt, gehen wir den Feldweg links abwärts. Nach einigen Metern nach rechts

(+) zum Waldrand. Den Weg entlang weiter bis zu einer Waldbuchtung, dort links einen kaum sichtbaren Wiesenpfad entlang.

Wir gehen durch schönen Mischwald, dann links halten und am Rand des Brunngrabens abwärts. In der Grabensohle läuft von rechts kommend das Zeichen Rotkreuz mit unserem Grünkreuz zusammen. Wir gehen weiter in den Ort Neunhof.

***Neunhof** wird 1109 erstmals urkundlich erwähnt. Seit dem 15. Jahrhundert treten Nürnberger Patrizier als Besitzer der Herrschaft auf, vor allem die Geuder und Koler sowie seit 1660*

Kolerschloss in Neunhof

die Welser. Neunhof bildete zusammen mit Beerbach und Tauchersreuth ein reichsunmittelbares Rittergut. 1806 fiel der „Kleinstaat" an das Königreich Bayern. Das „Königlich-

Welserschloß in Neunhof

Bayerische Freiherrlich von Welsersche Patrimonialamt Neunhof" mit Verwaltungs-, Polizei- und Gerichtsfunktion bestand bis 1848. An die eigenständige Tradition Neunhofs erinnern noch die vier Herrensitze sowie die Johanniskirche mit den Totenschilden und der Grablege der Freiherren von Welser.

Von der Kirche aus gehen wir wieder zurück zu dem Fußpfad in Richtung Brunngraben.

Wir folgen jetzt dem nach links abzweigenden Rotkreuz (+), überqueren den Graben und gehen aufwärts. Wir folgen Rotkreuz bis wir an eine Straße gelangen, auf der wir ein kurzes Stück nach rechts gehen. Dann nach links dem Wegweiser „Nuschelberg" folgen.

Nach Durchqueren des Waldstücks, sehen wir vor uns auf der Anhöhe den Weiler Nuschelberg.

Wir gehen den Fahrweg hoch und gelangen ins Dorf. In der Ortsmitte sehen wir auf der rechten Seiten das Anwesen der Bäckerei Gottschalk, die das Original Nuschelberger Landbrot und Gebäck direkt frisch aus der Backstube verkauft:

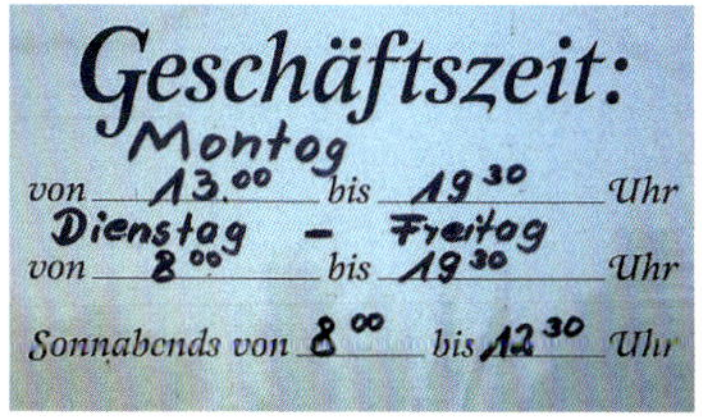

Am Ortsende rechts sehen wir das ehemalige Schlösschen der Haller.

Hallerschlösschen

*Ab 1617 war Seyfried Pfinzing Besitzer des „Hallerschlösschen" in **Nuschelberg**. Noch im gleichen Jahr verstarb er als letzter seines Familienzweiges, nicht ohne zuvor den Nuschelberger Besitz zum Kern einer Wohltätigkeitsstiftung für bedürftige Männer umgewandelt zu haben. Im*

Jahre 1764/66 fiel die Stiftung durch Erbschaft den Haller von Hallerstein zu, weshalb das Schlösschen heute noch deren Namen trägt. Der Herrensitz wurde 1815 um die bescheidene Summe von 600 Gulden an Johann Kießkalt verkauft. Der neue Besitzer richtete im Schloss eine Gaststube ein, die sich unter den folgenden Familien zu einem beliebten Ausflugsziel entwickelte. Das Schloss dient auch heute noch als Gastwirtschaft.

Wir gehen etwa 100 Meter auf der Straße weiter und biegen dann mit Gelbpunkt (●) rechts in einen Pfad ein, der uns hinunter in ein schmales Tal und dann wieder hoch auf die Straße nach Günthersbühl führt.

1279 verpfändete König Rudolf an Ulrich von Schlüsselberg die „in villa Guntershubel" gelegenen Reichsgüter, die nach dem Tod des letzten Schlüsselbergers 1347 an die Burggrafen von Nürnberg verliehen wurden.
1405 verkaufte Burggraf Friedrich den gesamten Besitzkomplex an verschiedene Nürnberger Bürger.
1611 wird „Junker Seyfried Pfinzings Herrenhaus und item Voigtenhaus" erstmals erwähnt; 1618 befanden sich „in der Hofraiten ... das Sitzlein neben einem Stadel und noch einem Haus".
1723 wurde das Schlösschen verkauft und ein Plan zum Neubau eines eingeschossigen Fachwerkhauses vorgelegt. So ist aus dem Herrenhaus wieder ein einfaches Bauernhaus geworden.

Wir durchqueren den Ort auf der breiten Straße. Am Ortsende biegen wir mit Blaukreuz (+) rechts ab und wandern am Pferdehof vorbei nach Oedenberg. Über der Grabensohle ist rechts oben die Einöde Gaisreuth zu sehen.

Wir gehen geradeaus weiter und erreichen Oedenberg. Bei den ersten Häusern rechts verlassen wir Gelbpunkt und gehen mit Grünkreuz (+) rechts von der Ortsstraße ab zur Gaststätte „Zum Schloss".

Auf Reichsboden entstand Oedenberg als Sitz eines Dienstmannengeschlechts. Erste Erwähnung 1287. Seit 1304 saßen dort Nürnberger Patrizierfamilien. Pfinzing, Vorchtel, Paumgartner und um 1490 die Familie Groland. 1553 blieb das Schloss nach dem Zweiten Markgrafenkrieg als Ruine liegen. Das alte Groland-Schloss verfügte im 18. Jahrhundert einer Beschreibung zufolge, nur mehr über einen Keller und einen steinernen Sockel. Die Groland errichteten auf der steinernen Ringmauer einen kleinen Fachwerkbau. 1730 ersuchte Jobst Wilhelm Ebner den Nürnberger Rat das Herrenhaus in einen wohnbaren Zustand stellen zu dürfen. So entstand 1731 das heutige Herrenhaus. Der Besitz wechselte häufig und gelangte 1865 an die Familie Fensel. Das Gasthaus mit angeschlossener Metzgerei im ehemaligen Herrensitz befindet sich heute in der sechsten Generation im Besitz der Familie Fensel.

Wir gehen am Schloss vorbei über den Parkplatz zur Verbindungsstraße Oedenberg/Tauchersreuth, dort nach rechts in Richtung unseres Ausgangspunktes.

am Wasserturm in Tauchersreuth

Simonshofen

bei Morschreuth

Apfelbäume im Wiesental

An der Quelle und an der Mündung

Helmut Haberkamm

Wie die Blüten schimmerten und dufteten an den Bäumen, den winkenden Zweigen, fröhliche Urständ für Frucht und Ernte.
Wie die Schwalben sausten unterm Himmel und die Blumen strahlten auf dem Boden unter Busch und Baum.
Wie das Wasser frech und das Gras halbwüchsig war und der Fluß im Schwitzkasten des Sommers.
Wie Äcker und Beete ihre Krusten bakamen, so staubig und rindenresch.
Wie die Schmetterlinge uns streiften und die Libellen ihre Windmühlenflügel flitzen ließen.
Wie wir die Schnaken und Bremsen zerpatschten und hineinklatschten ins Wasser mit Arschbombe oder Hechter.
Wie die Erde glänzte und dampfte nach dem Ackern, wie feucht und fett sie leuchtete hinter den Pflugscharen, ein fester Nährboden, saftig und reif für Aussaat und Wachstum.
Wie das Feuer geraucht hat vom krachdürren Kartoffelkraut, wie wir die Erdäpfel hineinlegten in die Glut.
Wie sich die Drachen hinaufschraubten zu den Wolken, bis sie der Wind verbiss und herunterfegte in die Wiese.
Wie uns die Nachtfröste heimtrieben zu Kräutertee und Bratwurstgehäck und die Sonne brannte noch lange nach in unsern Knochen und Gedanken.
Wie die Luft hurtigjung war und schnabelgrün, da war das Jahr stupfelköpfig und abgeerntet, mergelmüd und winterfest, die Stuben so stolz und streng im Bohnerwachsgewand, die Fichtenzweige reckten die Kerzen und Kugeln hinein in die glühweinrote Hitze, wo die Plätzchen warteten mit Wohllaut und Wonne, wo die sonnenkargen Tage gefüllt wurden mit Licht wie die Bratäpfel mit Marzipan, Zimt und Rahm.
Da waren wir in unserem Element, an der Quelle und an der Mündung, da war unser Herz am rechten Fleck, beim A und beim O, gerade erst am Anfang, aber angefüllt mit Ende und Glück.

bei Seelig

Zwetschgen koung

500 g Mehl

30 g Hefe

gut 1/8 Liter lauwarme Milch

80 g Butter

50 g Zucker

2 Eier

1/2 TL Salz

ca. 1,5 kg Zwetschgen

Butter für das Backblech

50 g Zucker

1/2 TL Zimt

Das Mehl in eine Schüssel sieben und in die Mitte eine Vertiefung drücken. Die Hefe hineinbröckeln, die lauwarme Milch vorsichtig darübergießen und mit etwas Mehl zu einem Vorteig verrühren. Die Schüssel mit einem Geschirrtuch abdecken und an einem warmen Ort 15 Minuten gehen lassen.

Die Butter zerlassen, zusammen mit den Eiern, dem Zucker und dem Salz dazugeben. Alles zu einem trockenen Teig verkneten, mit etwas Mehl bestäuben und abgedeckt an einem warmen Ort 30 Minuten gehen lassen.

Die Zwetschgen waschen, entsteinen und zweimal der Länge nach einschneiden.

Ein Backblech einfetten. Den Teig dünn ausrollen, auf das Blech legen, den Rand hochziehen und mehrmals mit der Gabel einstechen.

Den Teig dicht mit den Zwetschgen belegen. Jede Reihe sollte die vorherige mindestens zur Hälfte bedecken. Nochmal 15 Minuten gehen lassen.

Den Backofen auf 200 Grad vorheizen. In mittlerer Einschubhöhe den Zwetschgenkuchen 20 bis 30 Minuten backen.

Den Zucker mit dem Zimt verrühren und den fertigen, noch heißen Kuchen damit bestreuen.

Zwetschgengarten bei Wölfersdorf

Streuobstwiesen in Franken

Streuobstwiesen sind eine sehr alte Kulturform, die sich besonders in Franken herausgebildet hat und bis vor gut drei Jahrzehnten das Landschaftsbild prägte.

Der Streuobstanbau hatte eine große kulturelle, soziale, landschaftsprägende und ökologische Bedeutung. Seit dem 17. Jahrhundert wurde der Obstanbau immer wichtiger und unverzichtbar für die Versorgung der Bevölkerung. Streuobstwiesen am Rande von Straßen und Wegen gepflanzt, verbanden die Dörfer miteinander. In der Erntezeit konnte man dann gemeinsam „bloodn“ (Obst pflücken). So entwickelte und verbreitete sich das Wissen um die Pflege und Verarbeitung der verschiedenen Obstsorten.

Charakteristisch ist das hochstämmige Wachstum der Obstbäume. Bei diesen Baumsorten ist ein Alter von bis zu 100 Jahren nicht selten. Noch bis in die Anfänge des 20. Jahrhunderts gab es 2700 verschiedene Apfelsorten, 800 Birnen-, 400 Süßkirschen- und 400 Pflaumensorten. Diese Vielfalt erklärt sich daraus, dass oftmals jedes Dorf seine eigenen Sorten kultivierte. In Streuobstbeständen findet man eine enorme Artenvielfalt an Pflanzen und Tieren. Ein einziger Apfelbaum bietet z.B. mehr als 1000 wirbellosen Tierarten Herberge. Zwischen den Ostbäumen entstehen blütenreiche Magerwiesen, die sich deutlich von den intensiv genutzten „Fettwiesen“ unterscheiden. Glockenblumen, Salbei, Knabenkräuter, Wiesenbocksbart, Margeriten und viele andere Blumen und Kräuter wachsen hier.

Bis heute gingen immer mehr Streuobstwiesen verloren. Erst in den letzten Jahren begann ein Umdenken und es wird wieder vermehrt für dieses wertvolle Ökosystem geworben.

bei Guttenburg

Obstbrennereien

Das Landschaftsbild der Fränkischen Schweiz war und ist geprägt durch die Tradition des Obstanbaus. Die Klöster spielten dabei eine große Rolle. Die Mönche begannen sehr früh damit Obstbäume zu züchten und zu veredeln. Der Königshof Forchheim unterstützte diese Kunst und machte die Bevölkerung mit dem Baumschnitt und dem Veredeln von Obstbäumen vertraut. Der Obstanbau entwickelte sich zu einer wichtigen Einnahmequelle. Nicht nur frisches Obst, sondern auch die Früchte, die nicht verkauft werden konnten und zu Bränden weiterverarbeitet wurden, waren ein wichtiger Erwerbszweig.
Das Brennen von Obst hat sich in den letzten Jahren jedoch völlig verändert. Es werden keine Überschüsse mehr verwertet, sondern auserlesenes Obst wird zu Edelbränden verarbeitet.

Wanderung auf dem Brennerei- und Brauerei-Weg

Pretzfeld - Altreuth - Kolmreuth - Kirchehrenbach - Pretzfeld (Streckenlänge ca. 8,6 km)

Wir beginnen die Wanderung am Bahnhof in Pretzfeld. Wir gehen die Bahnhofstraße entlang in Richtung Schloss und Kirche. Wir überqueren die Hauptstraße und gehen auf der leicht ansteigenden Straße zum Schloss. An der Schlossmauer entlang, gelangen wir zur Kirche St. Kilian, die als eine der „glänzendsten Landkirchen der Fränkischen Schweiz" gerühmt wird. Am Kirchplatz folgen wir der Egloffsteiner Straße. Nach etwa 150 Metern lädt auf der rechten Seite die Brennerei Haas zu einer Kostprobe ein, auf der linken Seite Brauerei und Gasthof Nikl-Bräu.
Wir gehen wieder zurück und nach links in die Judengasse, wo wir am Ende die Trubach überqueren. Wir gehen zunächst nach rechts und biegen dann links in die Hauptstraße ein. Nach etwa 100 Metern gehen wir an der Kreuzung nach links und folgen dem mit einem blauen senkrechten Strich gekennzeichneten Weg (|). Vor uns sehen wir bereits den Ortsteil Altreuth. Hier biegen wir links ab und folgen nach etwa 50 Metern rechts dem Kolmreuther Weg (|). In Kolmreuth stoßen wir auf eine alte Fachwerkscheune. Von hier aus gehen wir links auf dem markierten Weg (|) an einem kleinen Weiher vorbei. Wir kommen zu einer Feldscheune. Hier nehmen wir den steil ansteigenden Waldweg (|). Nach etwa 100 Metern biegt der Weg rechts ab. Wir erreichen nach etwa 400 Metern einen gut ausgebauten Wirtschaftsweg. Diesen wandern wir etwa 50 Meter bergauf, dann biegen wir rechts in den gut ausgebauten Höhenweg ein. Nach 300 Metern rechts abzweigen. Es geht bergab nach Kirchehrenbach. Am Kirchehrenbacher Sportgelände bleiben wir auf der Sportplatzstraße, bis zur Einmündung in die Leutenbacher Straße. Dieser folgen wir dorfeinwärts. An der dritten Brücke über den Ehrenbach liegt das Brennerei-Gasthaus Sponsel (Kunst & Genuss).
Am Ortsende von Kirchehrenbach queren wir bei der Laurentius-Kapelle die Straße und nehmen den mit „Fränkische Schweiz-Radweg" gekennzeichneten Feldweg nach Pretzfeld. Nach etwa 3,6 km erreichen wir den Bahnhof Pretzfeld.

Pretzfeld

bei Birkenreuth

bei Oberrüsselbach

im Wiesental

Kapelle bei Brünnberg

bei Affalterbach

Obstgarten bei Brunn

Das Wirtshaus ist der Nachbar der Kirche

Helmut Haberkamm

Oben auf dem Dach kommt die Stromleitung an und bringt Kraft und Licht. Das Summen der Strommasten und Metalldrähte ist ein Bienenstock voller Geschichten. Als kleiner Bub saß ich gerne am Sonntagnachmittag mit im Wirtshaus, am Tisch der älteren Männer in den dunklen Anzügen, die Hände hatten so groß wie Brotzeitteller und die an ihren Uhrenketten ganze Baumstämme tragen konnten. Die haben Schafkopf oder Sechsundsechzig gespielt, Schießpulver geschnupft und Zigarrenstumpen geraucht, mit kantigen, polternden Krügen angestoßen und krawallische Schimpfwörter und Flüche hinausgefeuert, wenn ihnen ein Solo in die Hose gegangen war. Dröhnend geschneuzt haben sie sich mit fahnengroßen, karierten Taschentüchern. Ihre Augen haben geleuchtet wie Uhrendeckel, ihre Schnurrbärte gefunkelt voller Bierschaum und Tropfen. Die Luft war zum Schneiden und auf den Sonnenstrahlen konnte man davonreiten. So saß ich, bestochen und beschäftigt bei Raspa und Salzstangen als stummer Kiebitz und neugieriger Horcher mit dabei, wenn sie plauderten und munkelten und raunten.

Weißt noch, wie die Stromer da waren, wie der Strom ins Dorf gekommen ist? So fragte einer. Sie hatten als junge Burschen mitgeholfen, mit den Schwalben die Masten aufgestellt, die Löcher gegraben und verfüllt, eiserne Rohre hinmontiert, mit einem Flaschenzug die Träger in die Höhe gehievt, mit Rohrschellen und Holzschrauben hantiert, die Kupferdrähte mit Schweinefett eingeschmiert, aus Dachlatten Holzdübel geschnitzt, hatten Kitt auf die Lampen und Gips in die Dübellöcher, die Dachständer mit Bleimennig angestrichen, Dachbleche verlegt und wieder eingedeckt mit Ziegeln. Unbekannte Brocken wie Trafo, Isolatoren und Traversen flogen mir um die Ohren, Kühlrippen und Porzellangewinde, Abspannbock und Sternpunkterdung.
Die Elektrischen, das waren schon so Frecker! Einen hat's vom Mast geschmissen, dem hat das Bier das Kreuz gebrochen. Einer ist vom Dach gestürzt und gelähmt geblieben. Die haben schon was gebechert und verdrückt, die Dunnerwetterkerl! Aber die haben wenigstens net in den Krieg gemusst! Dafür haben sie in zwei Häusern dermaßen hineingefunkt, dass die Frauen sogar Kinder von ihnen gekriegt haben! Die haben weiß Gott keine lange Leitung gehabt, die waren auf Draht, bei denen ist das gegangen wie am Schnürchen. Da hat's bei manchen Mannsbildern später noch die Sicherung rausgehauen!
Als Bub im Wirtshaus am lustsamen Sonntagnachmittag war ich selig wie ein Mäuschen in der Mehlkammer, hab gehorcht und gelurt wie eine Kleiderlaus, und wie ein Zeck am Hundsbalg wollt ich einfach nicht weg von dem Fleck.

Brunn

Habernhofer Mühle

Lindenmühle

Burgen, Schlösser, Ruinen, Höhlen und Mühlen

Neben den verschiedensten Landschaften gehören als Hauptmerkmale unserer romantischen Vorstellung, die uns unser Franken so liebenswert erscheinen lässt, Burgen, Schlösser, Ruinen, Höhlen und Mühlen. Vor allem in der Fränkischen Schweiz war und ist doch jedes Haupt- und Seitental mit Mühlen reichlich gesegnet. Allein im Trubachtal standen 19 Mühlen. Heute klappert es nicht mehr am rauschenden Bach. Viele haben längst aufgegeben, andere haben den Mühlenbetrieb mit dem Wirtshausbetrieb getauscht und wieder andere sind beides geworden und geblieben: Mühlen und Wirtshäuser zugleich. Trotzdem üben die Mühlen immer noch eine geheimnisvolle Faszination aus. Das mag vor allem durch die einsame, idyllische oft geheimnisvolle Lage begründet sein. Schauergeschichten, Spekulationen um geheime Zusammenkünfte zwielichtiger Gestalten, Geschichten von Mord und Betrug ranken sich um die Mühlen. Der bisweilen schlechte Ruf des Müllers resultierte unter anderem aus dem in Franken und natürlich auch in weiten Teilen Deutschlands, herrschenden Mühlenzwang. Der Mühlenzwang oder Mühlenbann ist ein im 12. Jahrhundert entstandenes, grundherrliches Gewerbebannrecht. Schon 1158 wurde durch Friedrich Barbarossa ein Gesetz erlassen, das dem Grundherrn das alleinige Recht zum Bau und Betrieb einer Mühle zusprach. Der Mühlenbann verpflichtete alle Untertanen eines Grundherrn, ihr Getreide ausschließlich in der Bannmühle mahlen zu lassen. Eine freie Entwicklung und Konkurrenz in diesem Gewerbe wurde dadurch verhindert. Der Müller hatte aber über die Jahrhunderte gesicherte und gleichbleibende Einkünfte. Da er in so einer Mühle vom Grundherren als Pächter eingesetzt war, stand er in einem engen und herausgehobenen Verhältnis zum ihm. Deshalb haftete dem Müller, aus Sicht der Bauern, ein anrüchiger Beigeschmack an. Er wurde verdächtigt mit zweierlei Maß zu wiegen oder das Mahlgut zu strecken. „Wennsd zum Müller gehst, gehst zum Spitzboum“. Wegen der Lage der Mühlen an Wegkreuzungen und des Umgangs mit der Elementarkraft des Wassers, wurden Müller und Müllerin oft auch verdächtigt, mit dem Teufel im Bunde zu stehen. Andererseits genoss der Müller seit dem frühen Mittelalter auch ein hohes Ansehen. Er war ja auch für „das tägliche Brot“ und damit für die Volksernährung zuständig.

Kleinseebacher Mühle

Hackermühle

Hackermühle

» Ich mahl gut Mehl für Jedermann,

Es gibt gut Brot, der wohl gut backen kann.
Doch ist kein Müller auf der Welt,
Der mahlen kann, wie's jedem gefällt! «

Spruch an der 1575 erbauten Tüchersfelder Mühle

Kleinseebacher Mühle

Fränkische Bachforellen

2 fränkische Bachforellen

1 geräuchertes Forellenfilet

200 g Steinpilze

1 Knoblauchzehe

1 Bund Petersilie

Dill

Butter

Pfeffer

Salz

Muskatblüte

Alufolie, zerlassene Butter zum Bestreichen

1/4 Liter trockener Frankenwein

Feldsalat zur Dekoration

Die ausgenommenen und entgräteten Forellen waschen.

Das Forellenfilet fein würfeln.

Die Pilze putzen und klein schneiden.

Knoblauch und Petersilie fein hacken, den Dill zerkleinern.

Die Butter in einer Pfanne zerlassen. Knoblauch, Petersilie und Dill dazugeben, mit Pfeffer, Salz und Muskatblüte würzen. Etwa 4 Minuten lang bräunen, dann abkühlen lassen.

Das Filet und die Pilze unter den Knoblauch und die Kräuter mischen.

Die Forellen auf eine mit Butter bestrichene Alufolie legen und mit dem Pfanneninhalt füllen. Den Rest der Füllung um die Forellen verteilen und mit Weißwein begießen.

Die Folie gut verschließen und in einen Bräter legen.

Im vorgeheizten Backofen bei 200 Grad 15 bis 20 Minuten garen.

Die Forellen in schräge Scheiben aufschneiden und mit Feldsalat dekoriert servieren.

Ziegelmühle

Unter einem guten Stern

Helmut Haberkamm

Unsere Gegend liegt unter einem idyllischen Himmel. Balsamische Lüfte streifen über das Land. Romantische Ortschaften glänzen mit bukolischen Häusern. Euphorische Landleute pfeifen auf elysischen Feldern. Mythische Gestalten mit archaischen Gesichtern tauchen auf in arkadischen Gärten, zwischen Krautköpfen und Bohnenstangen.
Die Mahlzeiten sind ambrosisch, die Portionen paradiesisch, die Bratwürste aphrodisisch, von den Schinken und Pressäcken ganz zu schweigen. Alles Robuste und Radikale wird bei uns heroisch und hymnisch. Das Rustikale und Rabiate wird bei uns im Handumdrehen seraphisch und lyrisch. Die Handwerker sprechen in Reimen, Mütter im Singsang, Politiker und Vertreter in schwindelerregender Rhetorik. Kaufleute und Pfarrer haben ihre ganz eigene Poesie. Hier bei uns schreiben sich die Sonne und der Regen himmelbunte Liebesbriefe. Aus den Dachrinnen sprudeln Prosecco und Edelbrände. In den Schlackohren wachsen Brillianten und goldene Kronen in den Stockzähnen. Aus den Werkstätten ertönen inbrünstige Gesänge voll Dichtung und Getriebe. In den Schweineställen tanzt man Samba und Tango.
Hinter der Wehrkirche und der Burgmauer, da haben wir eine Schwedenschanze und einen Galgenberg, Heidengräber und Räuberhöhlen. Wir haben einen Schlossgraben und eine Pestkapelle, Vogelherd und Brandbach, Kreuzweiher und Teufelsgasse, Steinbruch und Lehmgrube, eine Ziegelhütte und eine Wolfsleite, Fuchsloch und Bärenstein, Kohlenwald und Drutensteig. Der Dürer hat hier gemalt, der Cranach radiert. Der Goethe hat wo logiert und der Casanova wen verführt. Der Riemenschneider hat hier geschnitzt und der Streicher geschwitzt. Der Napoleon ist hier geritten und der Hitler hat hier gestritten. Die Bauern haben geblutet und die Großkopferten abgesahnt.
Wir haben hier eine Bierstraße und einen Karpfenweg, eine Bocksbeutelrallye und eine Bremserfahrt, Bauernmarkt und Hüpfburg, Osterbrunnen und Ritterturnier. Wir pflegen unsere Hausmannskost und die fränkische Gastlichkeit. VdK und Kirchenchor harmonieren, Kläranlage und Wertstoffhof florieren. Familien, Vereine und Gottesdienste eskalieren. Zur Einweihung des neuen Gewerbegebiets bringt der Gesangverein einen ergreifenden Kanon zur Darbietung: Rendite und Steuern, Idylle mit Wachstum. Volltrunkene Halbstarke kugeln am Kriegerdenkmal herum, ein leerer Flachmann landet im Erdreich.

Thuisbrunn

Egloffstein

ist Stammsitz der Freiherren und Grafen von und zu Egloffstein und wird im Jahr 1180 erstmals erwähnt: »Agilulfi Lapide« (Agilolfstein).
93 Meter über dem Tal der Trubach dominiert die imposante Burg weithin sichtbar die umliegende Region. Ein quellenmäßig nicht fassbarer Agilolf hatte wohl in der zweiten Hälfte des 12. Jahrhunderts die Burg Egloffstein erbaut. Urkundliche Belege für die Burg finden sich allerdings erst im Jahr 1358, als Albrecht II. von Egloffstein mit seinen Brüdern in ihr eine Schlosskaplanei stiftete. Die Ältesten der vier Linien sagten sich 1374 wegen drohender kriegerischer Verwicklungen mit dem Bischof von ihrem Vetter Götz los. Dennoch musste Seibot II. zwei Jahre später seinen Teil von Egloffstein dem Bischof öffnen. Bamberg konnte im Kriegsfall Besatzungstruppen in die Burg legen.
1389 unterlag die Bärnfelser Linie dem Expansionsbestreben der Landgrafen von Leuchtenberg. Im Ersten Markgrafenkrieg 1449/50 brannten die Nürnberger den Ort Egloffstein nieder; das Schloss konnten sie jedoch nicht nehmen.
1521 führten die Schlossherren die Reformation ein. Im Bauernkrieg brannte die Burg ab (1525). Die wiedererrichtete Burg wurde 1563 anlässlich eines Streits der Schlossherren mit dem Bischof, von Bamberger Landsknechten besetzt und verwüstet. Während des Dreißigjährigen Krieges gingen 1632 und 1645 Schloss und Dorf zweimal in Flammen auf. Eine Zeichnung von 1669 gibt ein Bild des Schlosses. Eine hohe Schildmauer sicherte die Burg im Westen gegen Angriffe. An der Südwestecke stand der von Albrecht Christoph von Egloffstein 1664 erbaute große Kanonenturm.
In jüngster Zeit wurde die Burg mit viel Liebe und Engagement restauriert und der Öffentlichkeit zugänglich gemacht.

Burg Egloffstein

Kulturweg Egloffstein

In Egloffstein findet sich etwas ganz besonderes. Ein historischer Rundweg führt über 20 Stationen von geschichtlicher Bedeutung, nicht nur für Egloffstein, sondern typisch für die Entwicklung fränkischer reichsritterschaftlicher Orte. Informationstafeln geben Aufschluss über Brunnen, Gebäude, Handwerk, soziale Verhältnisse. Beginn des Rundwegs ist der Wanderparkplatz am Ortseingang von Egloffstein.

Station 1 ist die ehemalige Ziegelei. Aus feuerschutztechnischen Gründen wurde im 18. Jahrhundert die harte Dachdeckung gefördert. So entstanden ländliche Ziegeleien.

ehemalige Ziegelei

Der Weg führt weiter zum Handwerk, das Wasser braucht.

Färberhaus mit charakteristischem Firsterker, um die über 20 m langen Stoffbahnen knitterfrei aufhängen zu können.

Also Färberei, Gerberei und die Mühle von Egloffstein.

Halbrelief über der Tür der Mühle

Die nächste Tafel informiert über die Entwicklung vom Bauernhof zur Poststation.
Vorbei an den Felsenkellern und der ehemaligen Synagoge gelangt man zu den Tropfhäusern. Es handelt sich um Kleinstanwesen, wo die Eigentümer eines Grundstücks nur so viel Land haben, wie unter den Tropf, also unter die Dachrinne passt. Die Redensart vom „armen Tropf" lässt sich so erklären.

Tropfhäuser

Vorbei am alten Schulhaus und einem typischen „Gütlein", einem Kleinanwesen mit geringem Landbesitz, gelangt man zur Kirche bei der Burg und zur Burg Egloffstein.

Kirche bei der Burg

Die Kirche wurde zwischen 1750 bis 1752 erbaut und dient heute noch als Pfarrkirche. Von außen ist sie protestantisch schlicht, innen ist sie jedoch überraschend prachtvoll ausgestattet.
Der Weg führt uns weiter zum barocken Amtshaus aus dem Jahr 1771, wo an der linken Seitenwand ein Egloffstein'sches Wappen von 1664 zu sehen ist. Das Wappenschild wird vom Egloffstein'schen Wappentier, dem Bären, gehalten.

Egloffstein'sches Wappen

Wir gelangen zur ehemaligen Vorburg, die neben der eigentlichen Kernburg, fast alle mittelalterlichen Burgen hatten. Hier fanden die Ökonomiegebäude ihren Platz.

Die folgenden Tafeln informieren über das „Schmiedgütlein", das ehemalige Brauwesen, Quellen, Brunnen und Fischbehälter, das ehemalige Pfarrhaus, das Wirtshaus und die Badstube.
Letzte Station des Historischen Rundweges ist das „Palais für eine Witwe". 1774 wurde es für die Witwe des Freiherrn Carl Ludwig von und zu Egloffstein, geb. Freiin von Thüna erbaut, die jedoch schon 1777 nach Bayreuth zog. In späterer Zeit wurde das ehemalige Witwenpalais als Wohnhaus verschiedener Familien genutzt.

Der Historische Rundweg ist Teil des Kulturwegs Egloffstein, zu dem noch vier Wanderungen gehören, die die nähere Umgebung zu verschiedensten Themenkreisen wie z.B. Mühlen und Wasser, Kelten in Franken, Lebensraum Streuobstwiese, Fledermäuse und Höhlen, erkunden. Die Touren sind zwischen 7 und 14 Kilometer lang. Ausgangspunkt für alle Wege ist der Wanderparkplatz am Ortseingang.

Osterbrunnen in Franken

Aus der Fränkischen Schweiz stammt der Brauch, Osterbrunnen zu schmücken. Am Karsamstag werden zur Vorbereitung auf Ostern öffentliche Dorfbrunnen mit bemalten Ostereiern und anderen Verzierungen zu Osterbrunnen geschmückt. Wie alt der Brauch ist, lässt sich nicht feststellen, mündliche Überlieferungen berichten erstmals von einem Osterbrunnen in Aufseß um das Jahr 1909. Die Hintergründe des österlichen Brunnenschmückens in der Fränkischen Schweiz sind unklar. Neben christlichen Interpretationen wird als Erklärung häufig die Wasserarmut genannt. Aufgrund der besonderen geologischen Verhältnisse des fränkischen Juras mit seinen tiefen, mäandernden Tälern und lang gestreckten Höhen lagen die natürlichen, spärlichen Sammelstellen für das Wasser immer am Grund des Tales. Hier sprudelten die Quellen, von hier musste das Wasser mühsam in die Höhe geschafft werden.
Früher wurde dem Osterwasser eine besondere Wirkung zugeschrieben. Kinder, mit frisch geweihtem Wasser an Ostern getauft, sollen sehr klug werden. Außerdem schützt das Trinken von Osterwasser, so die Überlieferung, gegen Krankheiten und das Verspritzen des Wassers im Haus hält Ungeziefer fern. Und blickt ein junges Mädchen am Ostersonntag in den frühen Morgenstunden in den Osterbrunnen, kann es das Gesicht ihres künftigen Ehemannes sehen.
Bereits in den 1920er Jahren kam es zu ersten Deutungen der Osterbrunnen als Überreste „heidnischen Brauchtums".
In den 1930er Jahren wurden diese Ideen von der regionalen NS-Propaganda teilweise übernommen und der Osterbrunnen zum „germanischen" Brauch mit uralten Wurzeln im „Quellkult unserer Ahnen" umgedeutet. Anfang der 50er Jahre setzte der Rückgang dieses Brauches ein, vermutlich aufgrund der nun überall installierten zentralen Wasserversorgung. In Folge der in den 80er Jahren neu erwachten Heimat- und Brauchtumspflege erfuhr das Osterbrunnenschmücken eine intensive Neubelebung.
Die Osterbrunnen bleiben normalerweise bis zwei Wochen nach Ostern geschmückt. Während dieser Zeit sind die Orte, mit als besonders schön geltenden Osterbrunnen, beliebte Ausflugsziele. Österliche Busrundfahrten sind inzwischen eine wichtige Einnahmequelle lokaler und regionaler Tourismus- und Gastronomieunternehmen. Zählungen haben ergeben, dass z. B. Heiligenstadt an einem Tag von etwa 80 Bussen angesteuert wird.
Der größte fränkische Osterbrunnen befindet sich in Bieberbach bei Egloffstein und bekam 2001 mit einem Brunnenschmuck aus 11.108 handbemalten Eierschalen sogar einen Eintrag ins Guinness-Buch der Rekorde.

Bieberbach

Klaussteinkapelle

Lochautal bei Plankenfels

Hohenpölz

Hohenpölz

Königsfeld

schon im Jahr 741 erwähnt als der

Zent von Chunigeshofe

Königsfeld beherbergt als seltenes Beispiel eine in Teilen erhaltene, romanische Friedhofsburg, die Pfarrkirche St. Jakobus d.Ä. und Katharina. Die Ringmauer ist in ziemlicher Höhe und Ausdehnung erhalten. Auch die westliche Toreinfahrt stammt aus dieser Zeit. Der aus Bruchsteinen gebaute Turm gehört mit dem Chor zusammen, in die frühgotische Epoche. Nach dem 30jährigen Krieg erhielt er einen 8eckigen Aufsatz mit einer sogenannten welschen Haube. Das Langhaus allerdings, ist im wesentlichen Barock. Im ganzen eine Baugruppe von eindrucksvoller Geschlossenheit. Dazu trägt auch die, von einheimi-

schen Künstlern geschaffene, barocke Innenausstattung bei. Die Kirche ist auch Ausdruck einer Volksfrömmigkeit, mit einer Hinwendung zu lebensnahen Nothelfern und Schutzpatronen. Wir finden die Statuen von Hl. Kunigunde, Barbara, Katharina, Ottilie, Margareta, Sebastian, Georg, Wendelin und Nepomuk. Helfer also, für alle Lebenslagen. Zuständig für Bauern, Reiter, Bergleute, Sattler, Schmiede, Artisten, Pferde und des Viehs, Hirten und Herden, Tierseuchen, für gedeihliche Witterung und gute Ernten, schwangere Frauen, kranke Kinder, der Mädchen, Metzger, gegen Gewitter, Totengräber, Fieber, Pest, Frisöre, Migräne, Lehrer und Studenten, Blinden, Gärtner, Bürstenbinder, Aids und so fort. Sicher auch Ausdruck fränkischer, praktischer Lebensart: viel hilft viel, Hauptsach es kost nix extra!

die Heilige Ottilie

An der Außenwand der Kirche neben dem Eingang befindet sich das Wappen des Bamberger Fürstbischof Marquard Sebastian Freiherr Schenk von Stauffenberg (1644-1693).

das Wappen des Bamberger Fürstbischofs Schenk von Stauffenberg

Während seiner 10jährigen Amtszeit ließ er Schloss Seehof bei Bamberg errichten, kaufte und restaurierte Schloss Greifenstein in der Fränkischen Schweiz und beauftragte die Erweiterung der Giechburg.

Wackenroder schreibt von Wundern, blau und gebacken

Helmut Haberkamm

Zwischen Erlang und Bayreuth gibt's gewaltig viel zu sehen, Merkwürdigkeiten der Natur, Absonderlichkeiten der Gezeiten: Höhlen, die hohen gotischen Kirchengewölben gleichen, worin man die Asche urslawischer Altäre findet, dazu heidnische Urnen und vorzeitliche Knochen, Scherben und Versteinerungen, sogar Viehmist noch aus dem Dreißigjährigen Krieg. Sandige Kieferebenen durchreist man, Gräben durchziehen sie wie Blutgefäße, die hellen Schwingbogen der Flüsse durchwinden die frischgrünen Wiesen, Schöpfräder gießen ihr Wasser in die Felder, weißlicher Schaum krönt die schnellenden Forellen. Auch Weinberge und Felsenkeller schmücken und zieren das Land, Herzkirschen und Hopfengärten, breit hingestreut wie großzügige Geschenke. Ach, das zauberhafte, feenbevölkerte Sanspareil mit seinen künstlichen Grotten und kühlen Einsiedeleien! Adamsnackig sprangen wir in den Wasserfall von Rabeneck und später in den Gesundbrunnen von Sichersreuth, sahen Neideck im Sommermondenschein, lauschten unserem gewaltigen Echo in den ehrwürdigen Trümmern, tranken Edelbrand am Quakenschloss, bissen in Rettiche so urtümlich wie Tropfsteinzapfen, und über der Waldflur stand der halbe Himmel in goldgelben Flammen!

Am Rauschen der Bäche und Flüsse entlang geht's durch Baumchausseen und über Feldwege ins Bambergische hinein. Der Zustand der Straßen und Steine hat schon Ochsen und Rösser stürzen lassen, dass sie hieb- und stichfertig an Ort und Stelle notgeschlachtet werden mussten. Das stockbiedere, bierblütige und süßholzherzige Landvolk dieser Gegend frönt leiblich gerne deftigen Speisen und reichhaltigen Feiertagen, ihre Gelage und Genüsse gelten als landläufig und legendär.

Die Frauen sind untersetzte, arg ungestalte Figuren mit oft kropfigen Hälsen, sie tragen eine dickwulstige Tracht und ernsthafte Kopftücher, als wenn sie Zahnweh hätten, dazu Gehänge und Gepränge wie die Pfingstochsen. Hier im Bambergischen spricht das Landvolk am undeutlichsten und verwaschensten, schlechterdings verwirrend, mit einem schwerfälligen Mundwerk, als wären sie von einer Maulseuche befallen. Ihr poltriges Kauderwelsch dringt einem so missgefällig ins Ohr wie das Geholper und Gestolper von Kieselsteinen, die man in ein dumpf tönendes Blechgefäß füllt.

Genug fürs Erste aus dem fränkischen Kreis hier, die Eindrücke gehen uns im Magen und im Kopf herum wie Wackersteine und Mühlräder. Karpfen gibt es blau und gebacken, Forellen aus dem Rauchfang und der Pfanne, Würste gebraten und als blaue Zipfel. Mir schwant, diese kostbare Himmelsgegend beherbergt blaue Wunder in Hülle und Fülle!

So verbleibt mit landfränkischen Grüßen und allen erdenklichen Wünschen, dein feinsinniger Kunstbruder Wackenroder.

Burg Zwernitz

»C'est sans pareil!« (Dies ist ohnegleichen!)

Spaziergang durch den Felsengarten Sanspareil

Am 2. Juni 1793 schreibt Wilhelm Heinrich Wackenroder über die Pfingstreise mit Ludwig Tieck in einem Brief an seine Eltern:

„... Wir kamen auch durch das bambergische Städtchen Hollfeld. Vorher hatten wir eine interessante Begegnung. Eine Menge von Männern und Frauen hatten sich am Wege gelagert und sangen oder beteten vielmehr Lieder ganz unverständlich her. Es war eine Wallfahrt, mir eine ganz neue Erscheinung.

Eine viertel Meile vor Sanspareil liegt Wonsees, ein schlechter offener Flecken, wo wir die Stube sahen, wo der gelehrte Philolog und Spaßmacher Taubmann geboren ist. Die Inschrift am Hause sagt, er sei hier 1565 geboren und 1613 als Professor zu Wittenberg gestorben; sein Vater sei Schuhmacher und zugleich Bürgermeister gewesen.

Sanspareil (eigentlich heißt das Dorf Zwernitz) ist einer der drei berühmten Lustgärten des Bayreuthischen Hofes. Friedrichs II. Schwester, Markgräfin von Bayreuth, hat ihn angelegt. Man macht sich eine falsche Vorstellung davon, wenn man es für einen künstlichen Garten mit einem prächtigen Lustschlosse hält. Es ist, kurz gesagt ein ganz offener Wald mit natürlichen Felsenstücken.

Die Bäume sind die herrlichsten Rotbuchen, die ich je gesehen habe, fast alle gleich gerade, stark und hoch. Die jetzige Jahreszeit, die für das Grün des Laubes die günstigste ist, gab diesem Hain vorzüg-

liche Schönheiten. Wie aber die Natur diesen kleinen Platz durch die interessantesten Felsengruppen zum Lustort gebildet hat, kann kaum jemand glauben, der nicht diese Art von Felsen selbst gesehen hat. Es erheben sich nicht nur große, bemooste Felsenmassen aus der Erde zwischen den Bäumen, so dass sie durch Kunst ausgehauen und aufeinander gestellt scheinen, sondern sie bilden auch mehrere große und kleine Nischen, Grotten und Höhlen indem der Felsen oben weit herüber hängt und inwendig wie mit einem Meißel glatt und hohl ausgearbeitet ist. Auch lehnen sich an einigen Stellen zwei große Felsenstücke oben aneinander und lassen eine breite Spalte oder Kluft zum Durchgehen zwischen sich. Hinten auf einem Platz voll kleinen Gebüsches findet man einen ganz isolierten pyramidalischen Felsen, worauf ein Lusthäuschen steht, und

einen andern rötlichen Felsen, der einen flachen aber breiten Schwibbogen bildet. Hinter dem Schwibbogen ist sehr artig ein kleines Theater.

Die Einbildung hat den romantischen Hain zum Aufenthalt des Telemach, zur Insel der Kalypso umgeschaffen. Daher findet man hier die Grotte der Kalypso, der Sibylle, des Vulkans, des Amors, den Tempel des Äolus.

Diese Allegorie ließ ich mir gern gefallen; denn ich ward beim Anblick dieser sonderbaren Felsenbildungen in eine ganz fremde Welt gezaubert.

Allein der schönen Insel fehlt das Wasser. Man hat indes den Vorteil dass man im Gebüsch keine Insekten im Sommer zu fürchten braucht. In den heißesten Sommertagen ist dieser Ort erst recht zu schätzen; denn die Felsenhöhlen und dichten Schatten der Bäume machten ihn zu anderen Zeiten fast immer kühl. Die Grotte des Vulkans ist die größeste Aushöhlung im Felsen. Sie ist ein kleiner offener Saal. Die Sitze darin sind in Stein gehauen.

In Sanspareil führte uns ein Kastellan herum. Im Garten liegen mehrere kleine Häuserchen und vorn 4 größere Gebäude, auswendig mit bunten Steinen sehr artig grottiert. Im Dorfe bestiegen wir einen alten runden Turm auf einer Anhöhe, den man weit sieht und von dem man eine gute Aussicht hat. ..."

Der Felsengarten Sanspareil ist zu allen Jahreszeiten offen. Der Eintritt ist frei.
Burg Zwernitz und Morgenländischer Bau sind vom 1.4. bis 30.9. von 9.00 bis 18.00, vom 1.10. bis 15.10 von 10.00 bis 16.00 Uhr geöffnet, Montags ist geschlossen.

»Heiliche Mutter Anna, treib' die Gwitter von einanner!«

Am 26. Juli ist der Tag der heiligen Anna. Dieser wird nicht nur in Forchheim, sondern auch in Waischenfeld festlich begangen.
Das Annafest in Waischenfeld geht auf ein Ereignis im Jahre 1851 zurück. Im Juli dieses Jahres entlud sich über Waischenfeld ein derart starkes Gewitter mit wolkenbruchartigem Regen, dass die Waischenfelder in ihrer Angst gelobten, alljährlich den Tag der heiligen Anna, der ja ihre St.-Anna-Kapelle bei der Stadtpfarrkirche geweiht ist, festlich und würdig zu begehen.
Am Sankt-Anna-Tag des Jahres 1887 ging ein ebenso schweres Gewitter über das Gebiet um Waischenfeld nieder. Dabei wurden die Dörfer in der Umgebung hart betroffen. Jedoch Waischenfeld selbst blieb vor Schäden bewahrt.

bei Waischenfeld

Winterstein

bei Heide

Eingschnittna Kleeß mit Stadtwurst

Reste von rohen oder gekochten Klößen

pro Person etwa 125 g rote Hausmacher Stadtwurst

Schmalz

pro Person 1 Ei

Salz

Pfeffer

Schnittlauch

Die kalten Klöße in möglichst dünne, gleichmäßige Scheiben schneiden.

Die Stadtwurst häuten, in Scheiben schneiden und würfeln.

In einer Pfanne das Schmalz zerlassen. Die Kloßscheiben und die Stadtwurst dazugeben und anrösten.

Die Eier aufschlagen, verquirlen, nach Belieben mit Salz und Pfeffer abschmecken und über die Klöße gießen.

Mit reichlich Schnittlauch bestreuen und servieren.

bei Hundshaupten

bei Gottesgab

bei Schwarzenbach

Landluft und Leibspeisen

Helmut Haberkamm

Dorfkindheit, hineingeboren und herausgewachsen. Landluft, Feld, Wald und Wiesenspiele, Fuchs und Hase am Katzentisch der großen Tiere. Leibspeisen und ein Magen wie ein Stiefelschaft. Eine schöne Portion eingeschenkt, ausgelöffelt und einverleibt. Reingeschlichtet, in Fleisch und Blut übergegangen. Flechsen und Fett, Schwarten und Speck. Brunzrüben und saures Sauknie, Metzelsuppe und Entenpfeffer, Zieberleskäs und Mehlspatzen, Ochsenaugen und Kopfsulzen, schlamperts Kraut oder Lunge und Herz. Essigwasser in der Bullenhitze am Krenacker oder auf der Heuwiese. Häckselstaub, Hälmersied und Dreschdreck. Das hat uns keine Rippe rausgestoßen. Wir haben unsere sieben Zwetschgen noch beieinander.

Im Sommer der kalte Kaffee aus der blechernen Kanne mit der angeschlagenen Schnaube: Wie er die trockene Gurgel hinuntergelaufen ist, dass die heißgelaufene Haut nur so zischte und huscherte. Kalter Kaffee macht schee, hat's geheißen. Und schau uns an, was hat's geholfen, einen feuchten Kehricht. Schimmel auf dem Brot, macht die Augen hell und die Wangen rot, haben sie uns weisgemacht. Warum bloß bin ich blass geblieben, ein Käsladen und Spinnenfresser, kurzsichtig, mit Brille auf dem Gimbel? Die Milchsuppe mit dem hineingebrockten Trockenbrot haben wir hinuntergewürgt. Mit fest zugedrückten Augen und geballten Fäusten den kuhfladig zerkochten Spinat hinuntergewulchert, damit wir Muskeln kriegen wie der Popeye und Mut wie der Winnetou, für einen Elefantenschrei so großmächtig wie beim Tarzan. Es hat nicht geholfen, aber das Zeug war drunten.

Lebertran, gräuslich süß, sämig und kratzig, den haben wir die Gurgel hinuntergestürzt und im Handumdrehen waren wir Wikinger und Wandalen, wenn sie fürchterlichen Nektar bechern aus den Stierhörnern oder den Schädeln der Feinde. Kalktabletten eingeworfen, auf Rezept von der Krankenkasse: Immer wenn er Pillen nahm. Erdäpfel aus dem Dämpfer zerdrückt: wie der Seewolf. Heruntergestochen vom Heuboden in den weichen Haufen der Heubüschel und Strohschübel: Cowboys und Indianer, Überfall und Schießerei, voll erwischt und niedergestreckt.

Schwarz schillernder, magenbitter schmeckender Eisensaft, in Schnapsgläser gefüllt und hinuntergeschwankt wie der Festus im Saloon von Miss Kitty bei den Rauchenden Colts, und dann draufgeschwungen auf den Drahtesel und hinausgestaubt in die ackerbraunen Feldwege und grasgrünen Grundwiesen. Wir spürten das Schießeisen am Bein, den Sheriffstern auf der Brust und den wildfränkischen Westen im blutjungen Herzen, wie er pocht und zuckt und freiheitsfroh lockt.

bei Oberrüsselbach

über dem Obersdorfer Steinbruch

Blick ins Wiesental

Kraftwerk, Schwedengraben

Etz loß der's ner sogn:
»Die Schwed'n senn kumma,

Hamm alles mitg'numma,
Hamm alles forttrong,
Hamm d'Fenster nei'gschlogn,
Hamm Kug'ln draus goss'n,
Hamm d'Leut' mit derschoss'n! «

Die Forchheimer Stadtbefestigung, mit ihrer frühneuzeitlichen und barocken Bastion, ist eine architekturgeschichtliche Rarität in Mitteleuropa. Ähnliches findet sich nur noch in Würzburg, Nürnberg und Kronach. Die Bauarbeiten für die Bastion begannen 1553. Ausgelöst durch den zweiten Markgrafenkrieg beschloss das Hochstift Bamberg, Forchheim zur südlichen Grenzfestung auszubauen. Anfang des 17. Jahrhunderts geriet der Ausbau ins Stocken, dennoch bewährte sich die Festung während des 30jährigen Krieges. Es kam zu keiner größeren Belagerung durch die Schweden, obwohl Forchheim strategisch von wichtiger Bedeutung war.

Von den Drangsalen und Schrecknissen des 30jährigen Krieges war Franken mit am meisten betroffen. In dieser Zeit kamen mancherorts mehr als 50% der Bevölkerung ums Leben. Viele Regionen wurden verwüstet. So ist es mehr als verständlich, dass diese Zeit sich ins Gedächtnis einprägte. Flur- und Straßennamen bezeugen dies noch heute überall in Franken. Ein Beispiel ist der sogenannte Schwedengraben zwischen Reuth und Wiesenthau. Der Schwedengraben wurde im 30jährigen Krieg von den schwedischen Truppen angelegt, um durch Ableitung des Wiesentwassers die Wassergräben der Forchheimer Festung auszutrocknen.

Forchheim, Bastei

Vexierkapelle Reifenberg

Vexierkapelle Reifenberg

Leutenbach

Walberla

Das Walberla ist ein gesegneter Ort heilkräftig und menschenfreundlich

Helmut Haberkamm

Das Walberla ist ein gesegneter Ort, heilkräftig und menschenfreundlich. So könnte man sagen. Oder anders ausgedrückt: Menschen, die viel Pech haben, können auch wieder ein Sauglück haben. Wer da ungläubig stutzt oder missbilligend den Kopf schüttelt, der kennt nicht den Rostlaubengori aus dem Lettenbatzenwinkel. Der Gori heißt eigentlich Karl-Heinz, und wo das mit den Hausnamen herkommt, weiß keiner so genau, angeblich geht es auf seinen Vater Loni oder seinen Großvater Gustl zurück, die im Schotterwerk und in der Ziegelfabrik beschäftigt waren.

Der Rostlaubengori ist jedenfalls ausgestellt worden, als das mit seiner Scheidung über die Bühne ging. Er hat zuviel getrunken, ist krank geworden und hat sich dann viel bei Doktoren herumgedrückt. Bei ihm ist es in einer Tour rückwärts gegangen, rote Zahlen, das Konto heillos im Minus, zinsentief im Dispo. Zwangsversteigerung, Pfändung, Wohnungsräumung, der ganze trostlose Weg nach unten eben.

Aber wie der Rostlaubengori eines schönen Tages hinaufwandert zum Walberla, da hat er dort so etwas wie eine Erleuchtung gehabt, ein wahres Offenbarungserlebnis. Wie er nämlich so droben in der Höhe sitzt und vom Keltenfels herunterschaut auf das wunderbare oktobergoldene fränkische Wiesennebel-Streuobstland, dass er beinahe greinen hat müssen, so formschön und farbenfroh lag die Welt vor ihm wie ein riesiger Obstkuchen, bereit zum Anschneiden und Reinbeißen, da hört er auf einmal hinter sich eine Stimme, die zu ihm sagt: Schieb deinen Haarkamm in den Bankautomaten in Forchheim und siehe, dir wird gegeben.

Erschrocken dreht er sich um, aber nichts und niemand ist da zu sehen. Es fröstelt ihn nur, eine Gänsehaut zieht es ihm auf den Leib, dass er aufspringt und hinuntereilt Richtung Forchheim. Dort bei der Bank angekommen, steckt er seinen Haarkamm in den Kartenschlitz und am Bildschirm erscheint gut lesbar die Botschaft: Drücken Sie folgende Nummer und bestätigen Sie die Eingabe.

Siedheiß wird es dem Rostlaubengori, schnell drückt er die Tasten, er schwitzt und schaut und schüttelt den Kopf. Auf einmal rattert es im Apparat und der Geldautomat schiebt ein strammes Bündel grüne Hunderter aus dem Geldschlitz heraus, dass der Gori nur staunen und stieren kann. Voller Aufregung blickt er sich um, nimmt das Geld, verstaut es in seiner Jacke und macht sich schleunigst aus dem Staub. Dreimal ging er danach noch hin, zweimal funktionierte es, dann ging nichts mehr. Der Automat war wie tot.

Mit dem Geld war der Blechlaubengori aus dem Gröbsten heraus, es hat ihn über Wasser gehalten, einen echten Auftrieb gegeben, so dass er sich wieder aufgerappelt hat und auf die Füße kam. Aber mal ehrlich: Wer hätte gedacht, dass ein Bankautomat ein Herz hat für Pechvögel und Hilfsbedürftige in Not?

Walberla

Schlaifhausen

Blick von Ortspitz zum Walberla

»Wer die Schönheit angeschaut mit Augen…«

Zu jenen Erlanger Studenten, die in den 20er Jahren des 19ten Jahrhunderts an der „Friderico-Alexandrinae“ in Erlangen studierten und in ihrer Freizeit gerne in die Fränkische Schweiz wanderten, gehörte auch der 1796 in Ansbach geborene, fränkische Dichter August Graf von Platen-Hallermünde.
Ein Lieblingsausflug des jungen Dichters von Erlangen aus, war jener auf die Ehrenbürg, das 512 Meter hohe Walberla bei Kirchehrenbach. Der Name Walberla wird 1768 zum ersten Mal in Erlangen urkundlich dokumentiert. Der Name leitet sich wahrscheinlich von der Heiligen Walburga, der eine auf dem nördlichen Gipfel der Ehrenbürg im 17. Jahrhundert erbaute Kapelle geweiht ist, ab. Ein großes Ereignis ist das alljährlich am ersten Sonntag im Mai stattfindende Walberlafest. Es gilt als das älteste Frühlingsfest in Deutschland und geht mutmaßlich auf ein Opferfest für den germanischen Gott Wotan zurück. Seine Besuche auf dem Walberlafest hielt August von Platen in seinen Tagebuchaufzeichnungen mit allen Einzelheiten liebevoll fest. 3. Mai 1820: „Am ersten Mai hat jährlich ein großes Volksfest dieser Gegend auf dem Walpurgisberg stattgefunden. Man beredete mich, mit noch anderen schon den Tag vorher von Erlangen wegzugehen und in Wiesenthau zu übernachten, was wir aber durch ein schlechtes Strohlager bezahlen mussten und durch die Kälte, die wir frühmorgens auf dem Berge ausstanden. Wir waren unserer elf, nahmen einen sehr gefälligen und lieblichen Weg über Atzelsberg und Effeltrich. Auch Wiesenthau liegt recht angenehm. Das Wirtshaus war allbereits vollgepfropft und wir mussten uns behelfen. Auf dem Berge wurde es bald lebhaft und auch die Sonne kam. Die herrliche Aussicht zu beiden Seiten und das bunte Gewühl von Menschen, die sich teils des Jahrmarktes, teils der Walpurgiskapelle wegen, teils wegen bloßer Schaulust zusammengefunden hatten, gewährten viel Genuss. Man machte Musik und hatte ein Karussell errichtet. Unaufhörlich kamen neue Züge den Berg herauf. Es wurde gegessen und getrunken, die Zeit verging schnell und man sah viele Bekannte. In einer anderen Gesellschaft von Studenten, als ich gekommen war, kehrte ich heim.“

Rodenstein

»Wieviel liebliches und schönes ich hier finde kann ich dir gar nicht sagen;

von der Wirthstube, ihren Geräthschaften, dem intreßanten Volke, Sprache und Tracht, die ganze Gegend Schritt vor Schritt gibt mir intreßantes, ja Bilder, und zwar in einem Karakter, wie ich ihn immer zu finden wünschte. –

Meinem Leibe geschieht auch kein Abbruch, wie Du Dir denken kannst, das köstliche Bier, die ganz ausgezeichneten Forellen von der Größe wie ein kleiner Karpfen, und alles was noch drum und dran hängt, ergötzen meinen Magen eben so, als meine Seele sich gkücklich und gehoben fühlt im Anschauen einer so wunderschönen Natur. «

Ludwig Richter
über die Fränkische Schweiz, 1845

Walberla

»...eine schlechte Behausung...«

Mit einer kleinen Fischersiedlung begann um 1050 die Geschichte von Rothenfels am Main. 1342 wurde es erstmals als Stadt in einer Urkunde des Fürstbischofs von Wolfskehl erwähnt. Es ist die kleinste Stadt Bayerns mit etwas mehr als 1000 Einwohnern. Auf einem Felssporn über der Stadt erhebt sich die Burg Rothenfels.
Die Burg Rothenfels soll 1148 durch Marquard III. von Grumbach erbaut worden sein. Er hatte sich vom Abt des nahen Klosters Neustadt die Erlaubnis zum Bau „einer schlechten (schlichten) Behausung“ geben lassen. Marquard errichtete stattdessen eine feste Burg gegen den Protest des Abts. Der Würzburger Bischof Siegfried musste in diesem Streit einen Kompromiss finden. Es wurde festgelegt, dass Rothenfels beim Aussterben der Grumbacher an das Kloster Neustadt fallen sollte. Der Nachfolger Bischofs Siegfried, Bischof Hermann beschlagnahmte die Burg 1243, nach dem Aussterben der Grumbacher Linie. Der Erbe der Grumbacher, Graf Ludwig III. von Rieneck, focht diese Konfiszierung erfolgreich an und die Rienecks hatten die Burg bis 1333 inne. 1342 kam Rothenfels dennoch zum Bistum Würzburg. 1525 zerstörten Bauern die Burg, die auch gleichfalls unter dem Dreißigjährigen Krieg litt. In den vergangenen Jahrzehnten wurden sowohl die Räume der Innenburg als auch die der vorgelagerten Außenburg grundlegend erneuert und modernisiert. 1919 wurde die Burg von der, aus der Tradition der Jugendbewegung entstandenen, katholischen Vereinigung „Quickborn“ gekauft. Heute beherbergt Rothenfels neben einem Tagungshaus auch eine Jugendherberge.

Burg Rothenfels

Meefischli

Die Meefischli schwimmen dreimal –
erst im Fluß, dann im Fett und schließlich im Wein.

Nirgendwo sonst in Franken sind die silbrigen kleinen Fische aus der Familie der Ukeleie so beliebt, wie am unterfränkischen Main. Diese Fische, die selten größer als 15 cm werden, sind frittiert eine Spezialität. Durch das große Fischsterben 1975, wahrscheinlich durch Abwassereinleitungen der Ochsenfurter Zuckerfabrik ausgelöst, wurde diese Fischart fast ausgerottet. Seit damals wurden und werden vermehrt Rotaugen oder Lauben zu Meefischli verarbeitet. Die Zubereitung ist nicht schwierig.

Pro Portion 8–10 kleine Rotaugen oder Lauben, 8–10 cm lang

Salz

Pfeffer

Zimt

feine Semmelbrösel

Bratfett

Die Fische schuppen und ausnehmen.

Aus Salz, Pfeffer und wenig Zimt eine Gewürzmischung herstellen.

Die Fische damit würzen und in den Semmelbröseln wälzen, gut abklopfen.

Reichlich Fett erhitzen und die Fische darin schwimmend bei 180 Grad etwa 5 bis 10 Minuten goldbraun frittieren. Die Fische müssen so knusprig-braun gebraten werden, damit sie mit Kopf, Flossen und Gräten gegessen werden können.

Zu diesem Imbiss passt Weißbrot und natürlich Frankenwein.

Rothenfels am Main

Rote Buche am Eselsweg

»Vor vielen Jahren als im Spessart die Wege noch schlecht

und noch nicht so häufig als jetzt befahren waren, zogen zwei junge Burschen durch diesen Wald. Der Abend war schon heraufgekommen und die Schatten der riesigen Fichten und Buchen verfinsterten den schmalen Weg, auf dem die beiden wanderten. Wenn der Wind durch die Bäume rauschte, so war es ihm, als höre er Schritte hinter sich; wenn das Gesträuch am Wege hin und her wankte und sich teilte, glaubte er Gesichter hinter den Büschen lauern zu sehen.

Man hatte ihm vom Spessart so mancherlei erzählt; eine große Räuberbande sollte dort ihr Wesen treiben, viele Reisende waren in den letzten Wochen geplündert worden, ja man sprach sogar von einigen gräulichen Mordgeschichten, die vor nicht langer Zeit dort vorgefallen seien. Da war ihm nun doch etwas bange um sein Leben, denn sie waren ja nur zu zwei und konnten gegen bewaffnete Räuber gar wenig ausrichten. «

Wilhelm Hauff (1802-1827):
Das Wirtshaus im Spessart, 1826

Eselsweg bei Wiesen

Hafenlohrtal

Hafenlohrtal

Kloster Schönau/Saale

Viadukt bei Krommenthal

Bahn bei Krommenthal

Zwischen Martini und Lichtmess

Helmut Haberkamm

Anfang Oktober hat's manchmal schon geschneit und alles zusammengefroren. Kein Aufleinen mehr für lange Wochen. Viele Feldfrüchte draußen waren verdorben und verloren. Schneidende Schneewehen, fünfundzwanzig Grad unter Null. Das Leben: erstarrt, bitter kalt und knarzig. Die Welt: ein blauer Schimmer unter dem eisigen Mond.
Bei Tag mühten sich die Männer, die Dorfstraßen und Hohlgassen freizuschaufeln. Tiefe Fußstapfen klafften zwischen den Häusern, Eisblumen prangten an den hinaufgefrorenen Scheiben. Die Kinder bauten Schneemänner, ihre Zunge ist an den Eiszapfen festgepappt. Mit aufgerissenem Mund haben sie Flocken gefangen und für einen Augenblick ein Stück vom Himmel geschmeckt und gespürt. Rutschende Sohlen beim Hoscheln auf dem Weihereis und dem zugefrorenen Fluss. Schlittschuhe, festgeschraubt an den schweren Stiefeln, die glänzten vom Schweinefett. Herumtoben und herumräubern, was das Zeug hält. Schlitten auf Buckel und Berg, Rotzglocken und Haarkristalle, helles Jauchzen und blaue Flecken. Schlachtschüssel, Schneeballschlachten. Den Anderen eingeseift, eine Handvoll Schnee unter den Hemdkragen gesteckt und auf der Haut fest verrieben unter seinem Quieken, Fuchteln und Strampeln. Kaltnasse Haut, gerötet und gespannt, die Backen geblähte Segel im Abendrot, glühende Ohren wie pralle Früchte unterm zerwühlten Haarschopf.
Bis Martini sind die Gänse gehütet worden, von geringen Leuten, Dienstboten, Kindern. Wie die hausen mussten unter dem Dachboden! Zu den Ziegeln und Ritzen hat es hereingeschneit aufs Zudeck, im Schlaf hat es ihnen den Schnee in die Nase geweht. Das Wasser ist ihnen im Mund zusammengefroren. Eis in der Waschschüssel, das man am Morgen mit einem Holzscheit aufschlagen musste. Den Reif konnte man mit den Fingernägeln von der Wand kratzen wie eine eiskalte Zuckerglasur. Im Keller sind die Weckgläser aufgefroren, Rohre geplatzt. Alle Nächte brachten Gänsehaut und klammes Bibbern. Eine Wärmflasche war ein heißer Herzenswunsch.
Harte Zeiten, harte Leute. Stille Leben, festgerattelt im kleinen Kreis, festgefroren an milchweißen Fensterscheiben. Heute sitzen wir in warmen Stuben, drehen an der Heizung und bei Braten und Wein schimpfen wir auf Wetterbericht und Straßenverhältnisse. Wir versinken in weichen Polstern und blättern im Prospekt mit dem Urlaub in warmen Gefilden. So huschen wir durch die Programme, Kalender und Jahreszeiten. Flüchtige Gestalten. Wir träumen von einer Wärme, die man nicht kaufen kann, die wir nicht kennen in unseren todsicheren, geregelten Verhältnissen. Da ist ein Frösteln in uns, eine stachlige Gänshaut, ein kaltes Schweigen, ein zusammengehutzeltes Herz. Gut isoliert und fernbedient sitzen wir auf dem Trockenen, in der Wärme, irgendwie aber auf dem Holzweg wohl auch.

bei Haidhof

bei Kasberg

Kasberg

bei Lillinghof

bei Lillinghof

Bratäpfel

4 große Äpfel

4 gehäufte TL Rosinen

4 TL Mandelplättchen

4 TL Zucker

1 EL Butter

Butter für die Form

Den Backofen auf 200 Grad vorheizen.

Die Äpfel waschen und gründlich mit einem Küchentuch trockentupfen.

Mit einem Apfelausstecher das Kerngehäuse ausstechen.

An den bauchigen Stellen die Apfelschale mit einem Messer etwas einritzen.

Die Rosinen mit dem Zucker und den Mandelblättchen vermischen.

Eine feuerfeste Form mit Butter ausstreichen und die Äpfel hineinstellen.

Die Rosinen-Zucker-Nußmischung in die Äpfel füllen und obenauf ein Butterflöckchen setzen.

In der Mitte des Backofens die Äpfel etwa 30 Minuten braten.

Noch heiß servieren.

bei Oberndorf

bei Heiligenstadt

bei Rangen

Historischer Lehrpfad Ludwigskanal

1843 vollendete König Ludwig I. von Bayern den lang ersehnten Traum, eine schiffbare Verbindung zwischen den Flüssen Main und Donau – und damit der Nordsee und dem Schwarzen Meer zu schaffen. Das Meisterwerk der damaligen Ingenieurs- und Baukunst verfügte über unzählige Schleusen und befestigte Treidelwege für Pferde, die die schwer beladenen Schiffe und Kähne schleppten. Die Sandsteine für die zahlreichen Schleusenanlagen und Bauwerke des Kanals wurden in den nahe gelegenen Sandsteinbrüchen gewonnen und auf dem Kanal transportiert. Heute ist er ein beliebtes Naherholungsziel.

Auf dem „Historischen Lehrpfad Ludwigskanal" erfährt man auf sechs Informationstafeln Wissenswertes zur Geschichte und Technik des Ludwig-Donau-Main-Kanals, zur Natur in der Umgebung und Historisches über Wendelstein und Röthenbach bei St. Wolfgang.

Der Lehrpfad beginnt an der Sorger Kanalbrücke und ist 4,5 km lang. Ab der Forststraße in Wendelstein gehen wir am Neuen Friedhof vorbei und erreichen nach etwa 15 Minuten eine Weggabelung. Dort geht es rechts weiter und man kommt zum Alten Kanal. Hier beginnt Weg.

Ludwig-Donau-Main-Kanal bei Ochenbruck

Wie man beim Wandern richtig geht,

beschreibt Jean Paul in seinem Roman „Dr. Katzenbergers Badereise“, 1807/1808

Dem Fürsten empfiehlt er: „Da wir Säugetiere in Rücksicht des Körpers ja Vierfüßer sind, muss nicht nur mit den Füßen, sondern zur selben Zeit auch mit den Händen gegangen werden. Die Oberfüße oder Arme als Mitarbeiter sind gleich stark auf- und abzuschleudern, weil dies den Puls um viele Schläge verstärkt.“
Nun machte der Doktor dem Fürsten und der ganzen Badgesellschaft den unehrbietischen Gang mit gehenden Perpendikelarmen vor. „In der Tat“, sagte der Fürst lächelnd, „dies muss man versuchen, wenn auch nicht in großer Gesellschaft.“

Ludwig-Donau-Main-Kanal bei Unterölsbach

Ludwig-Donau-Main-Kanal bei Unterölsbach

Ludwig-Donau-Main-Kanal bei Unterölsbach

Ludwig-Donau-Main-Kanal bei Berg

Ludwig-Donau-Main-Kanal bei Berg

Siegbert von Stockhausen

geboren 1940 in Gräfenberg
lebt seit 1968 in Nürnberg
malt seit vierzig Jahren vorwiegend in der Natur

In einer kalten Winternacht bin ich in Gräfenberg im Januar 1940 geboren. Nach 5–jähriger Abwesenheit, meine Eltern wohnten in Zerbst, und kurzen Besuchen in Gräfenberg, zogen meine Mutter, meine Schwester und ich, mein Vater ist im Krieg geblieben, im Herbst 1945 nach Gräfenberg (schwarz über die sowjetische/amerikanische Zonengrenze bei Lauenstein, nördlich von Ludwigstadt) in das Elternhaus meiner Mutter, mein Geburtshaus „Am Gesteiger Nr. 25“ (jetzt Am Gesteiger Nr. 14). Wir wurden vom damaligen Bürgermeister Schander wieder ausgewiesen, da wir ohne Zuzugsgenehmigung hier wohnen wollten. Wir sollten notfalls per Schub zurück nach Zerbst, das teilweise zerstört war, gebracht werden. Da wir das nicht wollten, musste ich immer wieder krank werden. Ein befreundeter Arzt bescheinigte öfter, dass ich nicht „reisetauglich“ sei. So ging das fast ein Jahr hin und her (wir bekamen auch in dieser Zeit keine Lebensmittelkarten), bis vom damaligen Ministerpräsidenten Högner die Genehmigung aus München kam, dass wir bleiben durften. Meinen ersten Kontakt zur Malerei bekam ich durch den Kölner Kunstmaler Kempe, der in den 45/50er Jahren in der sogenannten „Remise“ sein Atelier hatte. Außer der Werkstatt meines Großvaters, später meines Onkels, (sie waren Sattler- und Tapeziermeister) kam nun noch das Atelier des Kunstmalers als mein liebster Aufenthaltsort dazu. Vor allem dann, wenn ich mal wieder Hausarrest hatte (sonst trieb ich mein Unwesen in Gräfenberg und Umgebung). In der Sattlerwerkstatt half ich gerne bei den anfallenden Arbeiten mit, doch lieber schaute ich dem Kunstmaler in seinem Atelier zu. Eines Tages zog er aus, zurück nach Köln. Die Reste der Ölfarben, die er zurückließ habe ich mit der Bemalung eines Puppenwagens, der sehr bunt wurde, verbraucht. Meine Liebe zur Malerei war geweckt. Alles Gemalte und Gezeichnete zog mich an. Wo es ging zeichnete und malte ich. Mein geheimster Wunsch war Kunstmaler zu werden. Erst viele Jahre später, ich war bereits verheiratet, hatte ich meine erste Ausstellung im Kunstkreis Egloffstein, um den Maler Wilhelm Decius. Dann folgten Auftritte in Nürnberg, in der Galerie in Zabo, bei Dizzy Nürnberger und ab 1997 in der „Galerie mit der blauen Tür“. Wilhelm Decius hatte mich mit der Aquarelltechnik vertraut gemacht und führte mich in der „Freien Künstlergemeinschaft Bamberg“ ein. Nun folgten jährlich eine bis zwei Ausstellungen. Seit dem Jahr 2004 bin ich Mitglied beim „Bund fränkischer Künstler e.V.“

Helmut Haberkamm

1961 in Dachsbach im mittelfränkischen Aischgrund geboren.
Helmut Haberkamm lebt in Spardorf.
Seit 1992 veröffentlicht er regelmäßig Mundartgedichte, Songübertragungen und Theaterstücke.

Wilhelm Hauff (1802–1827)

Schriftsteller

Jean Paul (1763 in Wunsiedel–1825 in Bayreuth)

fränkischer Schriftsteller-Titan

August Graf von Platen-Hallermünde (1796 in Ansbach–1835 in Syrakus)
Schriftsteller

Ludwig Richter (1803–1884 in Dresden)

Maler und Zeichner der deutschen Romantik

Wilhelm Heinrich Wackenroder (1773–1798 in Berlin)
Schriftsteller, zeitweise Student in Erlangen

Benedict Wilhelm Zahn (1738–1819 in Nürnberg)
Autor der Nürnberger Sprichwörtersammlung